NOTICE
sur
l'Île de Ténériffe

HOMMAGE

à

Messieurs les touristes embarqués sur le

Paquebot Poste Français

⋆ "Ile de France" ⋆

Croisière de Pâques 1907

Extrait de la

Revue Générale des Sciences

Notice

sur

l'Ile de Ténériffe

Hommage

à Messieurs les touristes embarqués
sur le paquebot-yacht Français
"Ile de France"

Croisière de Pâques 1907

ORGANISÉE PAR LA

Revue Générale des Sciences

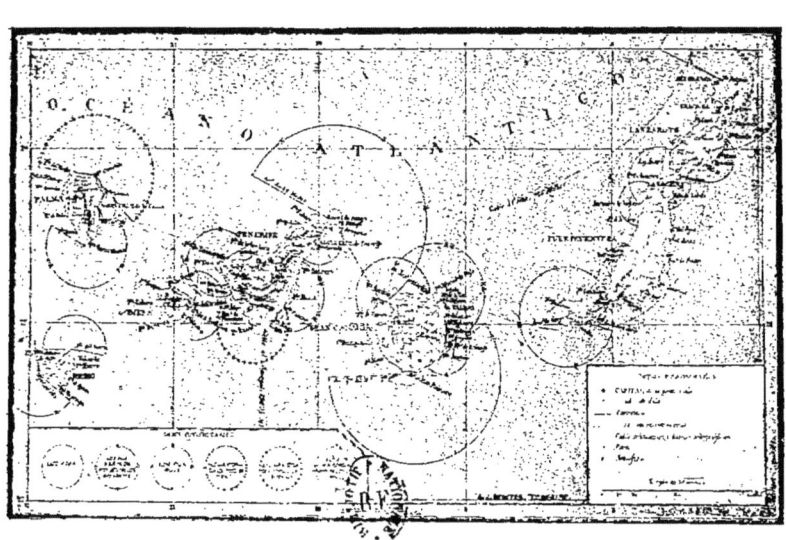

ILES CANARIES

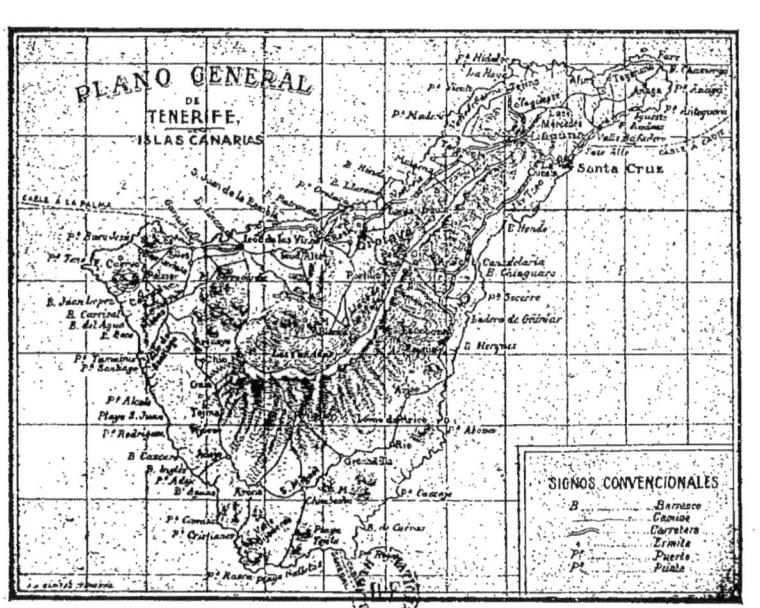

ILE DE TÉNÉRIFFE

L'Ile de Ténériffe

CONSIDÉRATIONS GÉNÉRALES

L'Ile de Ténériffe a du être formée sans doute par les secousses volcaniques du Teide et par ses formidables éruptions. Ces secousses ont été fréquentes dans les temps anciens et Ténériffe est connue des cosmographes du Moyen-Age sous le nom terrifiant de l'*Ile de l'Enfer*.

En effet, les dislocations et contortions du terrain, la profondeur des nombreux ravins et fondrières, les vastes courants de lave solidifiée, l'élévation des côtes, les falaises abruptes, les roches calcinées et en partie noirâtres, tout indique que l'Ile est de formation volcanique.

Mais la nature a placé au milieu du chaos de ces roches, quelques terres essentiellement fertiles et grâce à la température hospitalière qui varie de 18° à 20° degrés, ces terrains ne produisent pas moins de deux récoltes à l'année.

Aux temps des *Guanches,* premiers habitants de l'*Ile,* la végétation forestière était abondante et contribuait à donner à ces formidables rochers l'aspect des couleurs riantes des pays montagneux.

Aujourd'hui, en échange les côtes et les vallées sont couvertes de verdure, parmi elles la célèbre et magnifique vallée de l'Orotava qui jouit de la renommée universelle et à chaque instant surprend la vue. Ce fut Humboldt qui un des premiers reconnut sa beauté et la déclara une des plus magnifiques du monde.

C'est dans cette incomparable région que se trouve l'immense plateau sur lequel s'élève le *pic de Teide* d'une altitude majestueuse, ceint de sa couronne de neige et le plus surprenant de la nature; car, quoique le Chimborazo soit le plus important comme hauteur il s'appuie sur des masses de montagnes et non pas comme notre titan de pierre qui brille des pieds à la tête et s'élance directement vers le ciel.

La partie Sud de l'*Ile* offre quelques plateaux et est moins élevée que la partie Nord; cependant, cette dernière a une population plus dense et la culture en est plus étendue.

En effet, c'est dans cette région que les plantations de bananes, tomates et autres fruits ont pris une extension considérable grâce aux nombreuses sources qu'elle renferme.

Depuis la pointe d'Anaga, partie Nord, où se trouve un phare signalant aux navigateurs l'approche de Ténériffe, la longueur de l'*Ile* jusqu'à la pointe de la Rasca, partie Sud excède 85 kilomètres.

La plus grande largeur entre les pointes de Teno et d'Abona est d'environ 55 kilomètres.

Quand un navire entre dans le port, on distingue peu à peu les maisons, les palmiers, les routes, les jardins. Comme dans une féerie, tout cela apparaît éblouissant de soleil, chassant aussitôt des esprits le souvenir des froides cités du Nord.

Bientôt un murmure confus s'élève, des barques se détachent, en un instant le bateau est entouré, envahi, c'est une cascade d'oranges, de bananes, de cigares. Des marchands, aux costumes aussi débraillés que pittoresques, entourent le voyageur, le harcellent, l'embarquent et finissent par le conduire à terre.

La ville est élégante et animée, avec de grands bazars orientaux, de superbes hôtels anglais, des parcs, un marché débordant de foule et de marchandises, sans compter actuellement le tramway électrique. C'est le grand entrepôt de la contrée, la porte de l'Occident. C'est à Ténériffe qu'affluent les riches produits de ces îles que les anciens nommaient les îles Fortunées, tant ils avaient été frappés de leur incomparable richesse.

L'île de Ténériffe jouit d'un climat sans rival dans le monde entier. Même en plein hiver, la température y est d'une douceur, d'une égalité merveilleuse. Il n'y a jamais de variations brusques de température, ni de différences sensibles de saison à saison. Les journées, même pendant les mois d'hiver, sont toujours chaudes et ensoleillées et la température descend rarement en-dessous de 18 à 19 degrés centigrades. La moyenne annuelle des jours de pluie n'est que de soixante-neuf. Les nuits douces et sereines, exemptes d'humidité (même à l'heure du coucher et du lever du soleil), permettent aux malades de dormir les fenêtres grandes ouvertes. Il n'y a jamais de vents violents à cause de la ceinture des hautes montagnes.

L'île de Ténériffe séduit non seulement par les charmes de son incomparable climat, mais encore par l'aspect enchanteur de ses sites, ses hautes montagnes toutes verdoyantes en hiver, la variété, la beauté et le pittoresque des excursions, la profusion des fleurs en toute saison, la vue de l'Océan que l'on découvre de tous côtés, l'aspect animé de la rade où d'énormes navires, chargés de passagers toujours plus nombreux, viennent constamment jeter l'ancre, et enfin par le caractère intéressant des mœurs de ce beau pays, que les anciens appelaient «les Champs Elysées» ou «le Jardin des Hespérides».

BENCOMO, Roi guanche

(Gravure ancienne)

Les Guanches

Premières populations de Ténériffe.—Leur ethnographie.

Les Guanches furent les premiers habitants de Ténériffe.

Quoique les auteurs ne soient pas pas d'accord au sujet de l'origine et de leur provenance, l'opinion la plus couramment admise les fait sortir de l'Afrique Occidentale.

Les nombreux mots et phrases qu'ils laissèrent de leur idiome ne ressemblent en rien à aucun autre, cela nous fait croire, que, contrairement à l'opinion de quelques-uns, ils ne possédaient aucun des dialectes de la langue berbère. Ils n'ont également aucune analogie avec l'Arabe, pas plus qu'avec le Shelja, ni avec le Ganavvia qui se parle au Soudan.

Il nous reste le regret d'ignorer la signification de la plus grande partie de leurs mots. Il est très difficile de faire connaître un peuple qui comme celui-ci n'a pas d'histoire écrite.

En idées, ils professaient une morale pure et leur noblesse d'âme a été mise en relief par mille traits de générosité qu'ils usèrent avec les conquérants dont nous parle l'histoire.

Leur occupation favorite était l'élevage des troupeaux et toute leur richesse consistait en brebis.

Sobres par nature, ils se nourrissaient de gofio

(farine d'orge grillée) de lait et de fruits qu'ils conservaient dans leurs cavernes car ils ne connaissaient aucune autre espèce de nourriture.

Pour moudre le grain, ils se servaient de moulins de pierre qu'ils maniaient eux-mêmes; une fois moulu, ils l'enfermaient dans des outres de cuir formées par des mammelles de chèvre.

En fait d'habillement, ils étaient très habiles pour tanner les peaux et s'en confectionner des habits. Pour ce travail ils se servaient d'alènes et d'aiguilles faites avec des os et des arêtes de poisson. Ils employaient du fil, des nerfs d'animaux, des bandelettes très minces, des peaux ainsi que les filaments de certaines plantes.

Le peuple guanche se présente donc comme un de ceux de l'*Age de pierre* des temps préhistoriques.

Ignorant complètement l'emploi des métaux leurs armes et ustensiles étaient de pierre ou de bois. Dans la guerre ils se servaient d'armes appelées par eux *tabonas, magados, macanas,* haches de pierre, masses, flèches terminées par des arêtes et lances de *tea* (pin des Canaries) durcies au feu.

Ils maniaient aussi la fronde avec une facilité et une habileté remarquables.

Ils se paraient de colliers formés soit de petits coquillages, soit de grains multicolores en terre cuite.

D'une stature athlétique, de corps nerveux et agile, ils s'exerçaient à la lutte qui était leur sport favori ainsi qu'au saut des profonds ravins et rocheuses montagnes.

En étudiant leur forte constitution osseuse et leur crâne extrêmement dolichocéphale, plusieurs anthropologistes renommés ont été surpris de la grande analogie de la race *guanche* avec celle de *Cromagnon* déjà disparue.

Moulin guanche servant à moudre le gofio

(Gravure ancienne)

Square de la Marine – Sainte Croix de Ténériffe

Port et môle de Sainte Croix de Ténériffe

Fondation
de la Ville de Sainte Croix de Ténériffe

Ce fût au printemps de l'an de grâce 1494 que débarqua Don Alonso Fernández de Lugo aux plages d'Añaza, c'est ainsi qu'on appelait la partie de l'Ile d'où s'est élévé Sainte Croix de Ténériffe aujourd'hui Capitale de la Province des Canaries.

C'est à la droite du ravin connu pour Barranco de Santos qu'il fixa son quartier général. Il allait à la tête d'une petite armée de trois mille hommes parmi lesquels la moitié canariens originaires de Lanzarote et Fuerteventura.

Arriver et planter le saint emblême de Rédemption sur la nouvelle terre inexplorée fût fait sans la moindre difficulté. Cette rustique croix qu'improvisa Fernández de Lugo et autour de laquelle se prosternèrent chevaliers, hommes d'armes, soldats, et troupes auxiliaires d'insulaires fût la Croix de la Conquête qui donna son nom à ce lieu.

Cette précieuse relique respectée par les siècles était adorée, il n'y a pas longtemps à la chapelle de San Telmo, située au bord de la mer, où s'effectua le débarquement. Aujourd'hui, elle est déposée à l'église N. D. de la Conception.

Comme on se trouvait à la veille du 3 Mai, Fête de l'Invention de la Sainte Croix, on l'entoura de branches et fleurs sylvestres, elle fût adorée par les guerriers au milieu des réjouissances, des vivats, des bravos et au bruit des salves des galiotes de Don Alonso Fernández de Lugo.

Voilà comment reçut son nom la ville de Sainte Croix de Ténériffe alors composée de huttes, d'un clocher et des tentes des Conquérants.

Tous les ans, dans les premiers jours de Mai, la capitale de la Province célèbre l'anniversaire de l'inoubliable date par de solennelles fêtes organisées par la Municipalité, les Corporations et Sociétés du pays.

Actuellement, la population de Sainte Croix de Ténériffe est de 45.000 âmes.

Palais du Capitaine Général

Sainte Croix de Ténériffe

Place Weyler.—Sainte Croix de Ténériffe

Etablissement d'enseignement secondaire

Hôpital Civil

Sainte Croix de Ténériffe

Climat [1]

L'Ile de Ténériffe se trouve située dans le voisinage du tropique du Cancer, par 28° 28' 39" latitude Nord et 18° 35' 20" longitude Ouest de Paris. Elle jouit d'une température douce et uniforme. La nébulosité de son ciel est faible et les précipitations atmosphériques, peu abondantes, ne s'observent guère que pendant l'hiver.

Le climat maritime auquel cette île est soumise se manifeste par une faible amplitude annuelle de la température et par une remarquable tardivité des extrêmes thermiques.

Le maximum de la chaleur se produit à la fin du mois d'août ou même au commencement de septembre.

	Latitude	Altitude	Températures moyennes des mois – Les plus froids	Les plus chauds	Moyenne thermique annuelle	Amplitude moyenne annuelle
Orotava (Côte occidentale de Ténériffe).	28°25'	100 m.	14°6 janvier	23°3 août	19°0	8°7
Santa Cruz (Côte orientale de Ténériffe).	28° 29'	40 m.	14°8 février	23°3 août	18°0	8°5
Laguna (Col de passage entre Orotava et Santa-Cruz).	28°30'	570 m.	12°8 février	22°0 août	16°7	9°2

Il suffit d'un coup-d'œil sur les tableaux suivants pour se rendre compte de la nébulosité et des précipitation atmosphériques.

---

(1) Ces renseignements ont été empruntés au Dr. Bonmariage.

Les nuages couvrent, en général, une plus ou moins grande surface du ciel. On évalue en dixièmes la partie couverte de la surface totale.

Santa Cruz.—Moyenne annuelle. . . . { Nombre de jours de pluie: 66.1. Nébulosité: 3.3. Hauteur de pluie, en millimètres: 307.

Laguna.—Moyenne annuelle . . . { Hauteur des pluies: 554 millimètres. Nombre de jours de pluie: 89.

Orotava.—Par an. { Hauteur des pluies: 335 millimètres. Nombre de jours de pluie: 52.

Malgré le peu de précipitations atmosphériques, on ne respire pas à Ténériffe un air sec, irritant les muqueuses. Il existe toujours de la vapeur en notable quantité dans l'atmosphère, mais elle n'arrive que rarement au degré de condensation suffisant pour se résoudre en pluie.

Cette faible quantité des pluies à Ténériffe, s'explique parfaitement si l'on considère sa situation dans la région du maximum barométrique subtropical de l'Atlantique, maximum barométrique dont le centre, situé au W.-N.-W., provoque un régime de vents dominants du Nord et du Nord-Est sur cette Ile.

La superposition des climats est remarquable à Ténériffe. On y distingue trois zônes climatiques nettement délimitées:

1° La région en-dessous des nuages, comprise entre 0 et 700 mètres au-dessus du niveau de la mer;

2° La région des nuages, située entre 700 et 1,500 mètres.

3° La région au-dessus des nuages.

Cette superposition de climats, dans une région aussi remarquable par sa situation géographique et sa constitution géologique, explique la grande diversité de ses productions végétales. La végétation, qui varie depuis les formes africaines jusqu'à celle des pins et même des genêts blancs, forme une véritable transition entre la flore des régions intertropicales et celle des régions tempérées.

De l'ensemble de ces considérations, nous pouvons affirmer que le climat de Ténériffe n'a pas son pareil au monde. On y rencontre tous les facteurs du milieu naturel dans des conditions de pureté remarquable et, de plus, une uniformité de température qu'on chercherait en vain sur le litoral Méditerranéen.

Types de Ténériffe

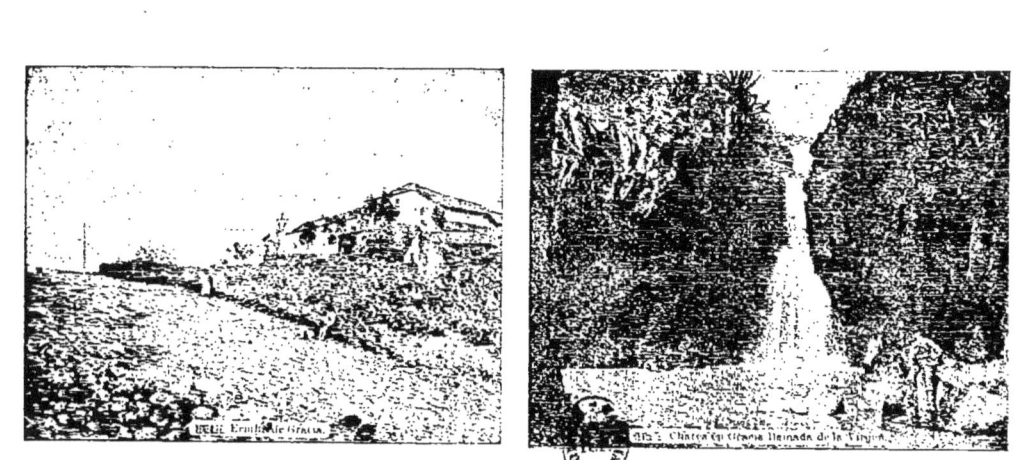

Ermitage et cascade de Gracia

Laguna

Mouvement Maritime [1]

DU PORT DE SAINTE CROIX DE TÉNÉRIFFE

Le total général des bateaux qui ont visité le port de Sainte-Croix s'est élevé durant l'année 1906, à 3.700 d'une jauge globale de 6.725.351 tonnes, ayant à bord 128.319 hommes d'équipage et conduisant 129.759 passagers, soit:

132 navires jaugeant 307.230 tonnes de plus qu'en 1905.

En ne tenant pas compte des 37 navires de guerre, jaugeant 106.497 tonnes, équipés de 8.726 hommes et portant 496 canons; le nombre de bateaux faisant la navigation au long cours ayant ancrés dans ce port pendant l'année dernière, s'élève à 1.646, dont 19 voiliers, jaugeant ensemble 6.210.277 tonnes équipés de 92.770 hommes et transportant 182.723 passagers; c'est-à-dire

81 Navires - 339.162 tonnes - 1.021 hommes et 9.521 passagers de plus qu'en 1905

De même que les années précédentes, le pavillon Français occupe le troisième rang.

La navigation de cabotage par suite du grand développement qu'ont pris dans cet archipel les cultures de

---

[1] Ces renseignements ont été fournis par MR. R. HARDISSON, Conseiller du Commerce Extérieur de la France.

bananes, tomates, pommes de terre et autres primeurs qui viennent s'embarquer à Sainte Croix de Ténériffe à destination des principaux ports européens, continue aussi à augmenter progressivement; elle a atteint en 1906 le chiffre de 2.017 bateaux (766 à vapeur et 1.251 voiliers) jaugeant 408.577 tonnes, équipés de 26.823 hommes et conduisant 10.036 passagers; soit:

55 navires en plus que l'année précédente.

Voici l'état comparatif du mouvement général maritime du Port de Sainte Croix de Ténériffe en 1896 et en 1906.

Année	Navires	Tonnes	Equipage	Passagers
1906	3.700	6.725.351	128.319	192.759
1896	2.214	2.830.607	67.483	69.029
Différence en faveur de 1906				
	1.486	3.894.744	60.836	123.730

Les facilités que présente le Port de Ténériffe pour opérer l'embarquement et le désembarquement des marchandises, la rapidité avec laquelle on fournit le combustible aux vapeurs, la proximité du Débarcadère, des Consulats ainsi que l'exécution d'une partie des travaux du port pouvant offrir déjà un abri sûr aux navires, sont les causes qui ont amené cet état de réelle prospérité dans le port de la capitale de l'Archipel Canarien.

Place de la Constitution Place de l'Adelantado
Sainte Croix Laguna

TÉNÉRIFFE

Moyens de communications

Il y a une bonne quinzaine d'années, les Canaries étaient à peine connues en Europe vu le peu de communications avec le continent.

Maintenant que les navires à grande vitesse ont supprimé les distances, que des lignes de steamers filant 14 et 15 nœuds font le service entre les ports du Nord de l'Europe et les côtes d'Afrique, maintenant aussi que le goût des voyages s'est répandu dans tous les pays et que la peur de la mer commence à disparaître, l'éloignement ne doit plus entrer en ligne de compte dans le choix d'une station climatérique.

En cinq jours, on fait actuellement la traversée de Southampton à Ténériffe, par les magnifiques navires de la «Union Castle Line»; en moins de temps encore on peut y aller de Marseille ou de Gênes, par les excellents steamers de la Compagnie française des «Transports Maritimes» et ceux des compagnies italiennes «Veloce». et «Navigazione Generale».

Il y a également les paquebots rapides de la «Cie. Maritime Belge du Congo» et de la «Woerman Linie».

Par la voie de Cadix et de Lisbonne, la traversée dure deux jours et demi.

San Juan de la Rambla.—Ténériffe

Tramway Electrique

La seule route qui relie Santa-Cruz à la côte ouest de l'île, en passant par Laguna et Orotava, ne répondait plus aux exigences d'un trafic toujours croissant: un chemin de fer s'imposait, car les naturels du pays réclamaient avec instance une voie rapide, confortable et économique, en harmonie avec les besoins de la population et les nécessités de l'exploitation des richesses du pays.

En 1899, un groupe belge à la tête duquel se trouvait M. Eugène Fichefet, ancien député de Bruxelles, obtint du gouvernement espagnol la concession de la première section d'un chemin de fer électrique de quarante kilomètres, qui devait relier le port à l'intérieur de l'île. Cette première section, de Santa-Cruz à Laguna, résidence d'été des habitants aisés de la capitale, comportant dix kilomètres, était d'une exécution excessivement difficile. Laguna se trouve, en effet, à 558 mètres au-dessus du niveau de la mer et la voie, accrochée aux flancs de la montagne, ascensionne cette montée de dix kilomètres en une rampe continue.

Inauguré il y a six ans, un tram électrique fonctionne déjà sur un parcours de 20 kilomètres.

La ligne du chemin de fer électrique établit ainsi *une communication rapide et économique* entre l'intérieur et le port et c'est par ce port qu'entrent dans l'île et en sortent toutes les marchandises.

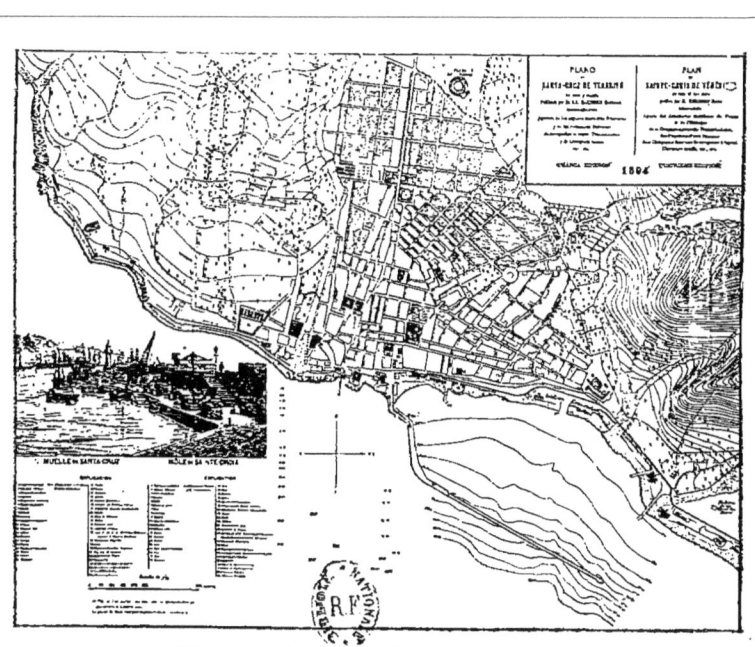

Plan de Ste. Croix de Ténériffe

Port d'intérêt général
DE SAINTE CROIX DE TÉNÉRIFFE

Situation géographique. Latitude N. 28°- 28'- 30''-
Longitude 10°- 2'- 50''- O. S. Fernando.
» 16°- 15'- 9''- W. Greenwich.
» 18°- 35''-20''- O. Paris.

Le port est situé au N. 59° E. du fameux Pic de Ténériffe. Le fond est de sable fin en grande partie férrugineux et le brassiage où peuvent mouiller les bateaux de tout tonnage a 1400 mètres d'ampleur avec bon encrage. Le môle part du point moyen du litoral de la ville en direction E. N. E., le débarcadère s'y trouve au commencemment et à 190 mètres de longueur, le reste du môle sert a l'accostage des grands navires.

SERVICE DU PORT

Pilotes.—Aussitôt que le sémaphore annonce un bateau, un pilote, Capitaine au long-cours, part à sa rencontre. Le canot qui le conduit est blanc avec un P noir à l'avant sur les deux bords et un pavillon blanc avec un P bleu.

Visites.—Dès que le navire a mouillé, il est accosté par le canot à vapeur de la Direction Sanitaire du port, conduisant le personnel de service. Ceux qui touchent périodiquement ce port sont visités sur leur demande, même de nuit. La nouvelle loi Sanitaire mise en vigueur depuis quelques années facilite énormement les opérations que les bateaux, même de provenances contaminées, ont à faire à Ténériffe, en tant que la santé du bord est bonne; les journaliers pour l'arrimage du charbon peuvent donc sauf dans des cas exceptionnels monter à bord.

Bureaux.—Le Commandant de Marine, la Capitainerie du Port et la Direction de la Santé se trouvent sur le môle même de sorte que l'expédition des bateaux peut se faire avec la plus grande rapidité.

Charbon.—Il y a 5 grands dépôts contenant de 30 à 35 mille tonnes avec leurs môles particuliers, ainsi que 60 dépôts flottants de 130 à 180 tonneaux et autant de gabares de 15 à 25 tonnes. Des remorqueurs conduisent les uns et les autres le long du bord et le charbonnage se fait si rapidement qu'on peut fournir le combustible à plus de dix vapeurs en même temps à raison de 185 à 90 tonnes par heure.

Eau-douce.—Des citernes flottantes de plus de cent mille litres la conduisent à bord et sa qualité est tellement bonne que les bateaux baleiniers l'ont conservée plus de 14 mois dans un parfait état.

Vivres frais.—On trouve en grande abondance, à des prix moderés, des bœufs, des veaux, des volailles, des œufs, du poisson, du pain, du biscuit, des fruits et légumes de saison, ainsi que ceux d'Asie et d'Amérique; du vin sec et doux de Ténériffe, de la glace, en été, etc.

Grues.—Il y en a plusieurs et d'une grande puissance pour les opérations d'embarquement et de débarquement.

Fournitures pour les navires.—Il existe des grands magasins contenant tous les articles nécessaires à la navigation.

Gabares.—Lorsque les navires n'accostent pas, le chargement et le déchargement se font le jour ou la nuit au moyen des gabares à prix moderés.

Remorqueurs.—Le port en possède de 10, 14, 25, 40, 50 et 60 chevaux qui facilitent beaucoup le service de gabarrage.

Réparation des navires.—Chantiers de radoubs où peuvent être réparés des navires de mille tonnes, ainsi que des fonderies, des forges et des chantiers pour la construction des navires. **Cale sèche en construction.**

Sémaphore.—Le Sémaphore officiel est situé dans la montagne d'Anaga au N. E. du port et est en communication télégraphique avec la station centrale.

Télégraphe.—Communication télégraphique avec le monde entier au moyen des cables directs de Cadiz à Ténériffe et de Ténériffe au Sénégal et Pernambuco.

De la station centrale de la Province qui se trouve à Ténériffe rayonnent les cables qui rallient les autres iles.

Téléphone.—Du môle même on peut communiquer avec tous les Consulats, Agences Maritimes, etc. etc. etc.

Importation.—Les importations atteignent à Ténériffe un chiffre assez important. Voici les articles principalement importés: cotonnades ferronnerie, soieries, étoffes, riz, céréales, nitrates de potasse et de soude, goudrons, manoeuvres, gréements, huiles, amidons, morues, alcools, lins, sucres, poivres, plomb de chasse, savons, bougies, farines, articles de Paris, jouets, bois de toutes sortes, ciments, soufre, matériaux, etc. etc.

Exportation.—L' Ile de Ténériffe produit énormement de tomates et de pommes de terre, qui sont exportées comme primeurs principalement en Angleterre, ainsi qu'en France, en Allemagne et sur d'autres points du monde. La production des fruits prend chaque année plus d'extention, les vapeurs touchant à Ténériffe pendant la saison de Novembre à Mai et allant aux ports d'Angleterre sont certains de trouver de très beaux frêts. Les bananes sont aussi expédiées en grande quantité pendant toute l'année en Angleterre, en France, en Belgique, en Allemagne, etc.

Consignataires —Hardisson Frères, Hamilton & Co., The Teneriffe Coaling Co., Henry Wolfson, Viuda é hijos de J. La-Roche, Elder Dempster & Co., Viuda é hijos de Aureliano Yanes, T. Marco y Co., Miller & Co., Viuda é hijos de José Ruiz de Arteaga.

Vue générale de la Laguna

La Laguna

ANNÈE DE LA CONQUÊTE

1496

L'historien, Don Juan Núñez de la Peña en traitant de la fondation de la ville de La Laguna, première ville qui s'éleva dans ces terres nous fait connaître son histoire en ces termes :

La très puissante Ile de Ténériffe, une de l'Archipel des Canaries fut conquise et assujettie à l'obéissance des Seigneurs et Rois Catholiques de Castille et de Léon etc., Don Fernand et Isabelle, de glorieuse mémoire année de 1496 par le très noble Don Alonso Fernández de Lugo Capitaine Général qui fut de sa conquête, nommé Gouverneur et grand justicier des Iles de Ténériffe et de La Palma et plus tard de toutes les Iles Canaries, par les Chevaliers et conquérants qui l'aidèrent de leur personne et de leurs biens.

On détermina ensuite l'endroit ou fut élevé la ville qui est aujourd'hui Saint Christophe de la Lagune. On lui donna le nom de Saint Christophe parce que le jour de ce glorieux saint, le roi guanche Bencomo de Taoro (d'Orotava), le roi guanche Acaymo de Tacoronte, Beneharo de Anaga, ainsi que le roi de Tegueste rendirent leur couronne au trône de Castille et se firent ses vassaux.

Jardin Botanique - Port d'Orotava

Tacoronte

Sur les terrains fertiles qui forment la campagne de Tacoronte régnait Rumen septième fils de Tinerfe le Grand ayant intervenu dans les traités de paix.

Un des Menceyes (roitelet guanche) les plus vaillants parmi les vassaux de Bencomo, roi de Taoro (Orotava) hérita de la couronne.

Dans les Etats du dit Mencey, considéré comme habile général, devaient se dérouler les principaux faits d'armes avec les Espagnols. Il se distingua dans plusieurs combats, à tel point que l'historien Viera et Clavijo dit qu'il ne se rendit seulement qu'après les autres et qu'il eût la gloire de se présenter au vainqueur avec une cuisse traversée par la flèche d'une arbalète et sa lance rougie du sang ennemi.

Sur un coté de la route qui va de Sainte Croix à Orotava et appuyé sur un rocher s'élève l'hôtel Camacho presque en face du point terminus actuel du tramway.

De cet hôtel l'on admire un vaste horizon et de ce point jusqu'au lointain rivage de la mer les terrains s'échelonnent en pente; on voit de haut en bas le pittoresque village de Tacoronte montrant ses maisons disséminées et ses clochers qui se détachent sur les magnifiques plantations et vignobles couvrant ce côteau.

Non loin de là se trouve la fameuse forêt d'**Agua García**, une des plus belles de l'Ile, point d'excursion très fréquenté des touristes étrangers.

Dans cette région on s'occupe principalement de l'élevage des races bovines.

En suivant la route vers La Orotava on rencontre le village de La Matanza célèbre par la déroute qu'ont subie les conquérants dans le Ravin de Acentejo. De cet endroit, ainsi que de La Victoria et de Santa-Ursula, riants villages semés de palmiers, on jouit d'une splendide vue du Teide et des montagnes environnantes.

Le Pic de Ténérife vu des Cañadas

Le Teide

Au milieu de la plateforme centrale entourée de cimes importantes s'élève en forme de cône le *pic de Ténériffe* ou de *Teide,* volcan en activité d'une hauteur de 3711 mètres au-dessus du niveau de la mer.

Voici comment le géologue *Buch* commence sa remarquable description:

«Le pic est une montagne sur une autre montagne, «ce n'est qu' après avoir franchi *El Portillo* et en en-«trant dans les contours circulaires que l'on peut dire «que l'on soit arrivé au pied du pic. C'est ce phéno-«mène qui le distingue de toutes les autres montagnes.

«Tout ce que l'on voit autour de lui, aussi élevé «qu'il soit, semble lui servir d'habit sans toutefois lui «appartenir.»

Un autre géologue non moins distingué le baron *K. von Fristche* dit:

«La lave noire et vitreuse qui se trouve dans les «escarpements des montagnes est composée de couches «superposées, les courants sombres et basaltiques «amoncelés dans l'immense plaine au pied du *Teide* «ainsi que les innombrables collines éruptives qui «s'élèvent autour forment soit par leur couleur, soit par «leur forme un contraste bizarre avec les nuances vives

«des roches voisines que les eaux des ravins, ont creu-
«sées et lavées.

«Le *Teide* est entouré de trois côtés par des mû-
«railles légères de montagnes appelées *Las Cañadas*
«paraissant s'élever d'un cercle profond.

«A travers l'atmosphère diaphane on dirait que
«les objets perdent de leur distance et étant près de
«l'imposante montagne il n'est pas possible d'évaluer
«l'altitude des autres.»

Sans nous arrêter à ces considérations, nous com-
prenons que la vue du Teide est belle, plus que belle:
sublime! Par moment nous nous sentons envahis d'un
étonnement puéril quand aux reflets rouges du soleil
couchant *le Pic* coupé par un rideau de nuages beaucoup plus bas que lui nous apparaît, là-bas, dans le ciel
comme un triangle de feu nageant dans le zénith et
l'admiration s'empare de l'esprit, si, quand le jour
vient, nous le contemplons du *port de la Cruz* recevant
les rayons obliques de l'aurore, coiffé de neige, pareil
à un cône d'argent.

La dernière éruption date de deux siècles et Bory
de Saint-Vincent la relate ainsi:

Dans la nuit du 5 Mai 1704, on entendit un bruit
souterrain semblable à celui de l'orage, et la mer se
retira. Quand le jour vint, on aperçut le pic couvert
d'une vapeur rouge effroyable; l'air était embrasé, une
odeur de soufre suffoquait les animaux épouvantés.
Les eaux étaient couvertes d'une vapeur semblable à
celle qu'exhalent des chaudières bouillantes. Tout à
coup, des torrents de lave échappés du cratère du Teide
se précipitèrent dans les plaines du nord ouest. La ville,
moitié engloutie dans les fentes du sol, moitié recouver-
te par les laves vomies, disparut en entier.

Les habitants tâchèrent d'échapper par une prompte fuite. Les uns furent englontis dans des fentes qui, en se comblant, les enterrèrent tout vivants; d'autres, étouffés par les vapeurs sulfureuses, tombèrent asphixiés au milieu de leur course chancelante ou furent écrasés par une pluie de pierres énormes, dernier effort de la fureur du pic.

L'ascension du Teide se fait sans grandes difficultés; le panorama des sept îles du groupe des Canaries, vu du haut du cône, est d'une beauté rare L'ascension se fait partie à dos de mulet, partie à pied.

VILLE D'OROTAVA

Grand Hotel Taoro.—Port d'Orotava

Vallée de l'Orotava

Non seulement cet endroit privilégié—600 mètres au-dessus du niveau de la mer — se prête aux cures d'altitude, mais encore on y trouve de l'eau en quantité; de plus cette partie de l'île est entièrement préservée des vents de la mer. Le tram électrique partant de Santa-Cruz de Ténériffe ira bientôt jusque là.

Voici d'ailleurs la description que fait M. le lieutenant d'artillerie Belge, Mr. Masui de cette fameuse vallée de l'Orotava, description qui a paru dans le *Bulletin de la Société d'Études Coloniales:*

. . . .

Tout à coup, au détour d'une crête, la vallée d'Orotava et la côte occidentale de l'île nous apparaîssent tout entières: au bas, l'océan, la ligne blanche des vagues qui se brisent; à perte de vue, des falaises déchiquetées et l'infinité des damiers de cultures se perdant dans la brume à dix lieues de distance; au-dessus de nous, la crête des montagnes boisées couronnées de neige; dominant le tout, éblouissant, le pic de Teide, si net qu'on le dirait voisin de quelques centaines de mètres.

Dès ce moment, la féerie commence, la grandeur du spectacle est inoubliable, jamais je n'ai vu tant et tant à la fois: s'il fallait grouper dans un ensemble les plus beaux sites de la Suisse, les scènes les plus grandioses de la Norwège, l'Écosse, la Riviera, réunir le tout dans le chaud enveloppement d'un soleil éblouissant, puis ajouter encore et toujours ce que l'on peut rêver de plus magnifique, on parviendrait peut-être à créer une seconde vallée d'Orotava. Encore faudrait-il donner à ce paysage une richesse étonnante, animer ses pentes et ravines, créer des habitations, jeter des brassées de fleurs, piquer des palmiers, une folie de beauté, de prospérité et élever au-dessus du tout, calme et grandiose, un pic de Teide d'une majesté divine...

En entrant dans la vallée d'Orotava, nous avons commencé à dévaler le long de la route, maintenant bordée d'eucalyptus, traversant des jardins merveilleux, entourant des villas, jusqu'à Orotava-ville, où nous nous sommes arrêtés pour visiter quelques jardins renommés dans ce pays des fleurs.

Toutes les plantes de la création y sont réunies, même celles appartenant aux régions les plus chaudes du globe: les manguiers, les papayers, les avocatiers, les pommes-roses, les caféiers sont mêlés aux essences des pays tempérés, amandiers, camphriers, magnolias; tous les palmiers y prospèrent; des camélias y atteignent dix mètres de hauteur et portent dix mille fleurs; les roses les plus rares et les plus délicates s'y épanouissent avec une puissance inconnue chez nous; j'ai vu un *Maréchal Niel* couvrant une maison toute entière; des cannas, des lys, des œillets, des héliotropes et que sais-je poussent à foison. L'entretien de ces jardins laisse à désirer: il est vrai qu'il faudrait une armée d'ouvriers pour lutter contre l'envahissement de cette folle végétation.

La ville est extrêmement accidentée et fort curieuse; les maisons s'escaladent l'une l'autre, quelques-unes sont remarquables au point de vue des boiseries sculptées dont sont faites leurs galeries, leurs portes et leurs fenêtres, généralement d'antiques maisons seigneuriales, comme l'indiquent les écussons qui surmontent la porte d'entrée. Des arbres magnifiques et surtout les araucarias contribuent à faire de la ville d'Orotava une des plus pittoresques cités que l'on puisse rencontrer.

. . . .

Cette autre description, non moins enthousiaste, est extraite du: *Voyage aux Iles Fortunées*, par monsieur Jules Leclerq:

Jamais, dit l'ancien président de la Société Belge de Géographie, je n'oublierai l'impression que j'éprouvai en y arrivant (à Orotava). Bien que le ciel fût voilé de nuages qui me dérobaient la vue du Pic et ne me laissaient entrevoir que les régions inférieures, le tableau qui se déroulait à mes yeux était si beau, si vaste, si inattendu, que je ne trouvai pas un mot pour consigner dans mon carnet les délicieuses émotions qui s'emparaient de moi. Ah! je comprends que tous les voyageurs aient éprouvé le même enchantement devant un pareil site: on voudrait le peindre en des termes exacts, mais nul n'a pu le faire. On peut décrire un coin des Alpes ou des Pyrénées, Orotava défie la description: cette vallée semble être un morceau détaché d'un monde meilleur; elle ne ressemble en rien à ce que nous sommes habitués à voir sur les autres points de la terre. On l'a dit avec raison, c'est un type à part, un paysage que la nature n'a pas reproduit.

J'ai vu ailleurs des sites d'un aspect plus varié, plus saisissant; j'ai vû un ciel plus éclatant, une verdure plus prononcée dans la vallée de Cintra, en Portugal, dont Byron faisait le lieu le plus délicieux qu'il y ait en Europe; mais où trouver ces montagnes d'une beauté classique, ces teintes veloutées, cette atmosphère suave et embaumée, ce ciel tempéré malgré le voisinage de la zone torride, ce charme qu'on ne pourrait définir, et qui faisait dire à Humboldt qu'il n'avait vu nulle part, pas même dans les belles vallées du Mexique, un tableau plus attrayant, plus harmonieux. Ce grand peintre de la nature trouvait qu'aucun séjour n'était plus propre à dissiper la mélancolie, à rendre la paix à une âme agitée. Ce que l'on éprouve à la vue de l'Orotava est un sentiment de tranquille volupté, de bonheur intime, d'autant plus séduisant qu'on ne s'en rend pas compte et qu'on chercherait vainement à l'analyser. Peut-être y parviendrai-je quand j'aurai pu me familiariser avec ce site nouveau; pour le moment, je suis tout au plaisir que peut procurer la première vue d'une contrée où les anciens, qui comprenaient les beautés de la nature, avaient placé le séjour des bienheureux.

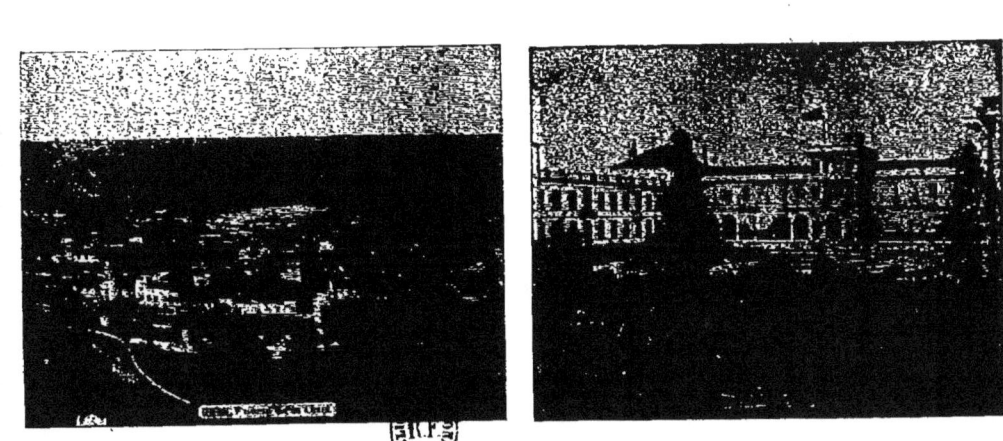

Port d'Orotava et Grand Hotel Taoro

Ville de Garachico.—Ténériffe

Grand Hotel Taoro

Ce superbe Hôtel vient de changer de nom, il s'appelle maintenant Hotel Humboldt.

Il élève son imposante construction sur une hauteur de laquelle on domine la riante vallée de l'Orotava, le Puerto de la Cruz, et une étendue de mer qui se perd dans un vaste horizon.

Il est visité par de nombreux étrangers, Anglais pour la plupart. Autour on aperçoit, de ci, de là, de splendides châteaux et de pittoresques châlets.

A Taoro, arrivent de lointaines terres beaucoup de personnes maladives qui viennent chercher dans les tièdes brises embaumées de la Vallée la santé et le plus fréquemment leur espoir n'est pas déçu.

L'établissement a été bâti d'après les plans d'un architecte Français Mr. Coquet (de Lyon). Il a été commencé en 1888 et terminé en 1890. La disposition des appartements est telle que tous ont vue extérieurement soit sur la vallée d'Orotava, soit sur la mer. Le salon, la salle à manger sont très spacieux et de leurs larges fenêtres on jouit d'un ravissant panorama.

Cet édifice est entouré de vastes jardins formés d'arbres et de plantes les plus curieux, agrémentés de jets d'eau, de grottes, de kiosques qui rendent le séjour de ce site des plus enchanteurs. Tout au fond, derrière ces magnifiques jardins, s'élève le majestueux Pic de Teide.